Aurelius Augustinus

Betrachte nur, was Gott für uns geworden ist

Aurelius Augustinus

Betrachte nur, was Gott für uns geworden ist

Vom Geheimnis der Weihnacht

Herausgegeben von Stefan Liesenfeld

Verlag Neue Stadt München · Zürich · Wien

Ein Buch aus der Reihe: *Saatkörner*

Auswahl und Übertragung der lateinischen Texte ins Deutsche: Stefan Liesenfeld

Die Deutsche Bibliothek – CIP-Einheitsaufnahme:
Ein Titeldatensatz für diese Publikation ist bei der Deutschen Bibliothek erhältlich.

2002, 1. Auflage der Neuausgabe
(früherer Titel: Vom Geheimnis der Weihnacht)

Umschlagabbildung: Piero della Francesca, Geburt Christi (um 1460-1475)
Gestaltung und Satz: Neue-Stadt-Graphik
Druck: Memminger MedienCentrum, Memmingen
ISBN 3-87996-566-8

Vorwort

Wenn sich einer der Größten in der Geschichte christlicher Spiritualität und Theologie zu einem der wichtigsten christlichen Feste äußert, darf man Besonderes erwarten. Was Aurelius Augustinus (354 – 430), der römisch geprägte Nordafrikaner mit einem ebenso bewegten wie bewegenden Lebenslauf, zum Geheimnis der Weihnacht zu sagen hat, ist auch nach mehr als anderthalb Jahrtausenden ein Juwel. In immer neuen Variationen bringt er das Unsagbare ins Wort: Gott wird Mensch für uns. Für den Verstand unfaßlich, ist es für das Herz Anlaß zu freudigem Staunen. Nicht zufällig spricht Augustinus in vielen großartigen Paradoxen vom Kind in der Krippe: „Der Sonne Schöpfer, zum Geschöpf geworden unter der Sonne“; „Er sprach noch nicht und war das Wort“. Es ist nicht allein die Freude am Sprachspiel, nicht nur die Gabe dialektischen Denkens, die diese eingängigen Formulierungen hervorgebracht hat. Sie sind vor allem Frucht der persönlichen Ergriffenheit eines ruhelos Suchenden, in dessen Leben der in Bethlehem Geborene eingetreten ist als *die* Antwort, die all seine Sehnsucht erfüllt und doch Geheimnis bleibt.

Dieses Geheimnis der Liebe Gottes, der für uns Mensch wurde, herabstieg zu uns, um uns zu befreien und zu erheben, ja zu vergöttlichen, hat Augustinus als Bischof von Hippo seinen Mitchristen in vielen Ansprachen nahegebracht. Ohne auf die Mittel der Rhetorik zu verzichten, ist ihm vor allem daran gelegen, daß ihn seine Zuhörer verstehen: „Lieber will ich von den Grammatikern bemängelt als nicht vom Volk verstanden werden.“

Und auf Beifallsbekundungen reagiert er mit der Bemerkung: „Gutes Verhalten will ich, nicht Applaus"; die frohe Botschaft will unser Leben erreichen; Christus wurde geboren, damit wir zum neuen Leben geboren werden.

Die Texte des Kirchenlehrers, die in diesem Buch zusammengestellt sind, wurden überwiegend aus seinen Weihnachtsansprachen ausgewählt. Vorangestellt ist ein Abschnitt aus den Psalmenkommentaren des Augustinus, in dem sich die Grunderfahrung seines Lebens spiegelt: die Erfahrung, daß auch unser Sehnen und Seufzen als solches schon Gebet ist und bei Gott Gehör findet. Die Antwort, die Augustinus auf die Fragen seines Lebens fand, war nichts Abstraktes, sondern eine Person: Christus, Gottes Sohn, Mensch geworden für ihn, für jeden Suchenden.

Stefan Liesenfeld

Inhalt

Erwartung

All mein Sehnen, Herr,
liegt offen vor dir,
mein Seufzen
ist dir nicht verborgen.
Auf dich, Herr, harre ich;
du wirst mich erhören,
Herr, mein Gott.

Aus Psalm 38

Deine Sehnsucht ist Gebet

Es gibt ein geheimes Seufzen, das kein Mensch hört. Wenn aber ein sehnsüchtiger Gedanke so sehr das Herz erfüllt, daß sich die innere Wunde in lautem Seufzen äußert, dann fragt man nach der Ursache und sagt sich: Vielleicht seufzt er aus diesem Grund, oder vielleicht ist ihm jenes zugestoßen.

Wer kann es wissen außer dem, vor dessen Augen und Ohren jener Mensch seufzt? Deswegen heißt es: „Ich schreie in der Qual meines Herzens" (Ps 38,9), weil die Menschen, wenn sie einen Menschen seufzen hören, meist nur das Seufzen des Leibes vernehmen; aber das Seufzen, das der Herzensnot entspringt, hören sie nicht.

Wer erkennt den Grund seines Seufzens? Jener Mensch schreibt: „All mein Sehnen, Herr, liegt offen vor dir" (Ps 38,10) – nicht vor den Menschen, die nicht ins Herz blicken, sondern vor dem Herrn.

Dein Sehnen soll offen vor ihm liegen; der Vater, der ins Verborgene sieht, wird dir geben, was du brauchst (vgl. Mt 6,6).

Denn dein Sehnen ist dein Gebet, und wenn es ein beständiges Sehnen ist, dann ist es beständiges Gebet; nicht umsonst sagt der Apostel: „Betet ohne Unterlaß!" (1 Thess 5,17).

Doch: Beugen wir etwa die Knie ohne Unterlaß, werfen wir uns zu Boden, oder erheben wir die Hände, ohne nachzulassen? Meint das der Apostel, wenn er sagt: „Betet ohne Unterlaß"? Wenn wir sagten, wir würden so beten, ich glaube nicht, daß es ohne Unterlaß möglich wäre.

Es gibt ein anderes „Beten ohne Unterlaß“, ein inneres Beten: die Sehnsucht. Was immer du tust – wenn du nach jener Sabbatruhe verlangst (vgl. Hebr 4,1-8), dann betest du ohne Unterlaß. Willst du ohne Unterlaß beten, dann höre nicht auf, dich zu sehnen.

Dein Sehnen ohne Unterlaß ist deine nicht verstummende Stimme.

Stumm bist du, sobald du aufhörst zu lieben ... „Weil die Gottlosigkeit sich ausbreitet, wird die Liebe bei vielen erkalten“ (Mt 24,12). Erkaltete Liebe ist Stummheit des Herzens, Glut der Liebe ist lautes Rufen des Herzens. Wenn die Liebe lebendig bleibt, rufst du immerfort; wenn du immer rufst, sehnst du dich immerzu; wenn du die Sehnsucht hast, suchst du in deinem Herzen die Ruhe.

„All mein Sehnen, Herr, liegt offen vor dir." Wenn deine Sehnsucht vor ihm liegt, dann auch dein Seufzen. Denn das Seufzen ist die Stimme der Sehnsucht.

Darum sagt der Beter: „Mein Seufzen ist dir nicht verborgen" (Ps 38,10). Vor Gott ist es nicht verborgen, wohl aber vor der Menge der Menschen. Der demütige Knecht Gottes scheint manchmal zu sagen: „Mein Seufzen ist dir nicht verborgen."

Zuweilen freilich scheint der Diener Gottes auch zu lachen; ist dann etwa die Sehnsucht seines Herzens erstorben? Nein, denn solange sie im Herzen lebt, ist auch das Seufzen da; es dringt nicht immer an das Ohr der Menschen, aber niemals entgeht es dem Ohr Gottes.

Freut euch, der Herr ist nahe

Der Herr ist nahe!
Zur Freude
ruft der Apostel auf,
zur Freude an Gott,
nicht an der Welt
(vgl. Phil 4,4) ...

Wie niemand
zwei Herren dienen kann,
so kann auch niemand
seine Freude
zugleich an der Welt
und an Gott suchen.

In dem Maße,
wie die eine wächst,
wird die andere
abnehmen.

Das soll nicht heißen,
daß wir in dieser Welt
keine Freude
haben dürften.
Aber schon in dieser Welt
sollen wir unsere Freude
an Gott haben ...

Überall und solange ihr
hier auf Erden seid, gilt:
Der Herr ist nahe,
seid ohne Sorgen!

Verkündigung

Der Engel trat bei Maria ein und sagte: „Sei gegrüßt, du Begnadete, der Herr ist mit dir." Sie erschrak über diese Anrede und überlegte, was dieser Gruß zu bedeuten habe. Da sagte der Engel zu ihr: „Fürchte dich nicht, Maria; denn du hast bei Gott Gnade gefunden. Du wirst ein Kind empfangen, einen Sohn wirst du gebären: dem sollst du den Namen Jesus geben."

Lk 1,28-31

Ein Gespräch zwischen Augustinus, Maria und dem Engel

Ich fragte: „Wer bist du, die du Mutter sein wirst? Wie hast du das verdient? Von wem hast du das empfangen? Warum wird in dir Gestalt annehmen, der dich geschaffen hat? Warum, sage ich, wird ein so großes Gut dir zuteil? Du bist Jungfrau, bist heilig, hast ein Gelübde abgelegt; doch wenn du viele Verdienste erworben hast, so ist es wahrlich weit mehr, was du empfangen hast. Wie hast du das verdient? ... Warum gerade du?"

Es scheint, als stellte ich der Jungfrau ungebührliche Fragen, als wäre ich allzu aufdringlich für ihr zurückhaltendes Wesen.

Ich sehe sie ganz verhalten, doch sie antwortet mir und läßt mich wissen:

„Du fragst mich, weshalb das gerade mir zukommt? ... Glaube an den, an den ich geglaubt habe. Du willst wissen, weshalb das gerade mir zuteil wird? Darauf möge dir der Engel antworten."

„Sag mir, Engel, weshalb wird dies Maria zuteil?"

„Ich habe es schon im Gruß gesagt: Ave, du bist voll der Gnade!" (Lk 1,28).

Maria sprach:

„Ich bin die Magd des Herrn;
mir geschehe, wie du es gesagt hast."

Lk 1,38

Johannes und Jesus

Nach einigen Tagen machte sich Maria auf den Weg und eilte in eine Stadt im Bergland von Judäa. Sie ging in das Haus des Zacharias und begrüßte Elisabeth. Als Elisabeth den Gruß Marias hörte, hüpfte das Kind in ihrem Leib. Da wurde Elisabeth vom Heiligen Geist erfüllt und rief mit lauter Stimme: „Gesegnet bist du mehr als alle anderen Frauen, und gesegnet ist die Frucht deines Leibes. Wer bin ich, daß die Mutter meines Herrn zu mir kommt? In dem Augenblick, als ich deinen Gruß hörte, hüpfte das Kind vor Freude in meinem Leib. Selig ist die, die geglaubt hat, daß sich erfüllt, was der Herr ihr sagen ließ."

Lk 1,39-45

Die Stimme und das Wort

Johannes ist die Stimme, der Herr aber ist das Wort, von dem es heißt: „Im Anfang war das Wort" (Joh 1,1). Johannes war die Stimme zu einer bestimmten Zeit, Christus ist das ewige Wort von Anfang an.

Nimmst du das Wort weg, was bleibt von der Stimme? Wenn in der Stimme kein Gedanke ist, ist sie leeres Lärmen. Die Stimme ohne Wort pocht zwar ans Ohr, doch das Herz erbaut sie nicht ...

Wenn ich denke, was ich sagen will, ist das Wort schon in meinem Herzen. Wenn ich aber zu dir sprechen will, suche ich nach einem Weg, wie das Wort, das in meinem Herzen schon ist, auch in dein Herz eingehen kann ... Dann nehme ich die Stimme zu Hilfe und spreche zu dir.

Der Klang der Stimme trägt den Sinn des Wortes zu dir, um sogleich zu verhallen. Das Wort hingegen, das der Laut zu dir gebracht hat, ist nunmehr in deinem Herzen, ohne mein Herz verlassen zu haben.

Die Stimme, die das Wort zu dir gebracht hat, sagt gleichsam zu dir: „Jener muß wachsen, ich aber geringer werden" (vgl. Joh 3,30). Der Laut der Stimme tat seinen Dienst und verging, als wollte er sagen: Meine Freude ist damit vollendet (vgl. Joh 3,29).

So laßt uns das Wort festhalten und nicht verlieren, was wir im Herzen empfangen haben.

Willst du die Stimme erkennen, die vergeht, und die Gottheit des Wortes, die bleibt? Wo ist jetzt die Taufe des Johannes? Sie hat ihren Dienst getan und ist vergangen. Seither wird die Taufe Christi gefeiert. Wir alle glauben an Christus, wir alle erhoffen das Heil von Christus: Die Stimme hat es verkündet.

Da es schwierig ist, das Wort von der Stimme zu unterscheiden, wurde Johannes selbst für den Messias gehalten. Die Stimme hielt man für das Wort. Um das Wort zu ehren, gab sich die Stimme als das aus, was sie war: Stimme. So spricht sie: „Ich bin nicht der Messias, noch Elias, noch der Prophet." – Wer bist du also? – Sie antwortet: „Ich bin die Stimme eines Rufers in der Wüste: Ebnet den Weg des Herrn!" (Joh 1,23).

Wunderbare Geburt

Für Gott ist nichts unmöglich.

Lk 1,37

Gott und Mensch

Christus ist geboren
von einem Vater
und von einer Mutter,
zugleich aber
ohne einen Vater
und ohne eine Mutter:

von einem Vater geboren
als Gott,
von einer Mutter
als Mensch;

ohne eine Mutter
als Gott,
ohne einen Vater
als Mensch.

Er war Gott gleich,
hielt aber nicht daran fest,
wie Gott zu sein,
sondern er entäußerte sich
und wurde wie ein Sklave
und den Menschen gleich.
Sein Leben war das eines Menschen;
er erniedrigte sich
und war gehorsam bis zum Tod,
bis zum Tod am Kreuz.

Phil 2,6-8

Zu erhaben für uns

Obwohl Christus göttliche Natur hatte, hielt er seine Gottgleichheit nicht als Beute fest (vgl. Phil 2,6). Wer wird dieses Wort je begreifen können? Wer kann es mit seinem Denken gebührend durchdringen?

Welcher Verstand würde wagen, es zu vertiefen? Welche Zunge sich erkühnen, es auszusprechen? Welcher Geist wollte es bis ins letzte verstehen? Im Augenblick denken wir besser nicht weiter darüber nach: Es ist zu erhaben für uns.

Doch damit es nicht zu erhaben für uns bliebe, „entäußerte er sich, nahm Knechtsgestalt an und wurde den Menschen gleich" (Phil 2,7). – Wo? In der Jungfrau Maria.

Laßt uns also ein wenig darüber sprechen; vielleicht können wir diese Geburt verstehen.

Der Engel bringt die Botschaft,
die Jungfrau hört, glaubt, empfängt.
Glaube in ihrem Herzen,
Christus in ihrem Schoß.

Die Jungfrau empfängt:
staunenswert ist dies!
Die Jungfrau gebiert:
das ist noch staunenswerter!
Sie bleibt Jungfrau
auch nach der Geburt.

Auch diese Geburt ... –
wer wird sie je erklären können?

Wunderbare Barmherzigkeit

Ohne aufzuhören,
der zu sein, der er war,
wollte er werden,
was er selbst
geschaffen hatte.

Staunen wir
über die Geburt
aus der Jungfrau!
Wunderbar ist
solche Macht,
noch wunderbarer aber ist
die Barmherzigkeit dessen,
der, da er so geboren
werden konnte,
so geboren werden wollte.

Maria gebar ihren Sohn, den Erstgeborenen. Sie wickelte ihn in Windeln und legte ihn in eine Krippe, weil in der Herberge kein Platz für sie war.

Lk 2,6f

Stille, Mutter!

Stille, Mutter,
unsere Speise;
stille das Brot,
das vom Himmel kommt
und nun
in einer Futterkrippe liegt,
als wäre es
der treuen Saumtiere
Nahrung …

Stille, Mutter,
den, der dich so schuf,
daß er selbst
in dir
Mensch werden konnte.

Die wahre Sonne

Heute ist uns
der Erlöser geboren.
Aufgegangen ist heute
über die ganze Welt
die wahre Sonne.

Gott
wurde Mensch,
damit der Mensch
Gott werde.

Damit der Sklave
zum Herrn werde,
nahm der Herr
Knechtsgestalt an.

Zu Recht
verlängert der Tag,
der uns Christus brachte,
die Bahn der Sonne.
Denn durch Christus
wurden wir befreit
aus des Todes Finsternis.

Das Volk, das im Dunkeln lebt,
sieht ein helles Licht;
über denen,
die im Land der Finsternis wohnen,
strahlt ein Licht auf.

Jes 9,1

Geboren
am kürzesten Tag

An diesem Tag
ist er geboren:
am kürzesten
aller Tage des Jahres,
von dem aus die Tage
länger werden.

Der sich herabbeugte zu uns
und uns aufrichtete,
er hat den kürzesten Tag gewählt,
von dem aus das Licht zunimmt.

Sein stilles Kommen
drängt uns
wie ein lautstarker Anfeuerungsruf,

auf daß wir lernen,
reich zu werden in ihm,
der sich arm gemacht hat für uns;

auf daß wir die Freiheit finden
in ihm, der für uns
Knechtsgestalt angenommen hat;

auf daß wir den Himmel besitzen
in ihm, der für uns
der Erde entsprossen ist.

Was von Anfang an war, was wir gehört haben, was wir mit unseren Augen gesehen, was wir geschaut und was unsere Hände angefaßt haben, das verkünden wir, das Wort des Lebens.

1 Joh 1,1

Das Leben selbst ist im Fleisch erschienen

Wer könnte das Wort
mit den Händen anfassen,
wäre das Wort
nicht Fleisch geworden
und hätte es nicht
unter uns gewohnt
(vgl. Joh 1,14)?

Dieses Wort, das Fleisch geworden ist, um sich mit Händen berühren zu lassen, begann Fleisch zu sein in der Jungfrau Maria. Aber das Wort selbst begann damals nicht; denn es heißt, daß es von Anfang an war: „Im Anfang war es bei Gott" (Joh 1,1).

Vielleicht könnte einer unter dem „Wort des Lebens" ein Wort über Christus verstehen und nicht den Leib Christi, der mit Händen berührt werden kann. Aber hört, was im Text folgt: „Das Leben selbst ist erschienen." Christus selbst ist also das Wort des Lebens.

Wieso ist es erschienen? Es war im Anfang, doch den Menschen war es nicht erschienen. Den Engeln war es erschienen; sie sahen es und aßen es gleichsam als ihr Brot. Wie heißt es doch in der Schrift? „Brot der Engel aß der Mensch" (Ps 78,25 Vg.).

Das Leben selbst ist also im Fleisch erschienen. Nun liegt es ja in der Natur der Erscheinung, daß man etwas, was man an sich nur mit dem Herzen schauen kann, jetzt auch mit den Augen sieht. Mit den Augen sollte man es sehen, damit das Herz gesunde.

Nur mit dem Herzen sieht man das Wort, während das Fleisch mit den leiblichen Augen wahrgenommen wird. Wir konnten das Fleisch sehen, hatten aber keine Möglichkeit, das Wort zu schauen.

Da ist das Wort Fleisch geworden, damit wir es sehen könnten. So sollte heil werden unser Herz, mit dem wir das Wort zu sehen vermögen.

Es heißt: „Wir bezeugen und verkünden euch das ewige Leben, das beim Vater war und bei uns erschienen ist" (1 Joh 1,2) ... Das Leben selbst ist uns erschienen.

Beachtet, meine Lieben, daß es heißt: „Was wir gesehen und gehört haben, das verkünden wir euch." Jene Jünger sahen den Herrn vor sich im Fleisch, sie hörten die Worte aus seinem Mund und verkündeten sie uns. So hörten auch wir, doch gesehen haben wir nicht.

Sind wir also weniger glücklich als jene, die sahen und hörten? Wieso fügt Johannes dann hinzu: „Damit auch ihr Gemeinschaft mit uns habt"? Jene sahen, wir sehen nicht, und dennoch haben wir Gemeinschaft mit ihnen, weil wir den gleichen Glauben haben ...

Schätzt das nicht gering! Denn hört, wie Johannes fortfährt:

„Wir haben Gemeinschaft mit dem Vater und seinem Sohn Jesus Christus. Wir schreiben dies, damit eure Freude vollkommen ist“ (1 Joh 1,3.4).

Das will sagen:
Die volle Freude sollen wir haben
in dieser Gemeinschaft,
in dieser Liebe,
in dieser Einheit.

Gesättigt durch die Anschauung des Wortes

Wer von den Menschen kennt die Schätze der Weisheit und Erkenntnis, die in Christus verborgen sind, in der Armut seines Fleisches, wie der Apostel sagt: „Er, der reich war, wurde euretwegen arm, um euch durch seine Armut reich zu machen" (2 Kor 8,9)?

Als er die sterbliche Menschennatur annahm und den Tod kostete, zeigte er sich in Armut. Zugleich aber hat er uns die Reichtümer verheißen, auf die er zeitweilig verzichtete, die er aber nicht als endgültig verloren aufgegeben hatte.

Überreich ist seine Güte, die er denen bereithält, die ihn fürchten, und denen gewährt, die auf ihn hoffen!

Stückwerk ist unser Erkennen, bis kommt, was vollkommen ist. Um uns fähig zu machen, das Vollkommene zu ergreifen, bildet er uns neu nach Gottes Gleichnis, er, Christus, der dem Vater gleich ist in der Gottesgestalt und uns ähnlich ward in der Knechtsgestalt.

Gottes einziger Sohn wurde ein Menschenkind und machte die vielen Menschenkinder zu Gotteskindern. Durch seine sichtbare Knechtsgestalt stärkt er die Knechte und macht sie frei, so daß sie die Gottesgestalt schauen können.

„Jetzt sind wir Kinder Gottes. Aber was wir sein werden, ist noch nicht offenbar geworden. Wir wissen, daß wir ihm ähnlich sein werden, wenn er offenbar wird; denn wir werden ihn sehen, wie er ist" (1 Joh 3,2).

Genügen uns die göttlichen Reichtümer der Weisheit und der Erkenntnis etwa nicht? Ist seine Güte etwa nicht groß genug, um uns zu sättigen? „Zeig uns den Vater; das genügt uns" (Joh 14,8).

In einem Psalm sagt jemand zu Gott – und er spricht aus uns, in uns oder für uns: „Ich werde gesättigt, wenn deine Herrlichkeit offenbar wird" (Ps 17,15). Christus aber und der Vater sind eins (vgl. Joh 10,30): „Wer mich sieht, sieht auch den Vater" (Joh 14,9). „Der Herr der Heerscharen, er ist der König der Herrlichkeit" (Ps 24,10). Er wird uns zur Umkehr führen und uns sein Angesicht schauen lassen; dann werden wir heil sein und gesättigt, und das genügt uns ...

Bis das geschieht, bis er uns zeigt, was uns genügt, bis wir uns satt trinken an ihm, dem Quell des Lebens, solange wir als Glaubende fern vom Herrn in der

Fremde unterwegs sind, solange wir hungern und dürsten nach der Gerechtigkeit und uns in unsagbarem Verlangen nach der Schönheit der Gottesgestalt sehnen: so lange wollen wir den Geburtstag der Knechtsgestalt in frommer Hingabe feiern.

Noch können wir ihn nicht schauen, der vor dem Morgenstern vom Vater gezeugt ist. So laßt uns jetzt den feiern, der zu nächtlicher Stunde von der Jungfrau geboren wurde.

Noch können wir nicht begreifen, daß sein Name länger währt als die Sonne (vgl. Ps 72,17 [Vg.]). So laßt uns erkennen, daß er in der Sonne sein Zelt aufgeschlagen hat (vgl. Ps 19,5 [Vg.]).

Noch schauen wir ihn nicht, den Einzigen, der allzeit in seinem Vater bleibt. Darum wollen wir an den Bräutigam denken, der aus seinem Gemach hervortritt (vgl. Ps 19,6).

Noch sind wir nicht bereit für das Gastmahl bei unserem Vater. Bis dahin laßt uns die Krippe unseres Herrn Jesus Christus erkennen.

Die Krippe erkennen

Als die Sterndeuter den Stern sahen, wurden sie von sehr großer Freude erfüllt. Sie gingen in das Haus und sahen das Kind und Maria, seine Mutter; da fielen sie nieder und huldigten ihm. Dann holten sie ihre Schätze hervor und brachten ihm Gold, Weihrauch und Myrrhe als Gaben dar.

Mt 2,10-11

Ehre sei Gott in der Höhe
und Friede auf Erden
den Menschen seiner Gnade.

Lk 2,14

Friede auf Erden

Friede auf Erden – warum, wenn nicht deshalb, weil die Wahrheit aus der Erde aufgesprossen ist, das heißt: weil Christus aus einem Menschen geboren wurde?

„Er ist unser Friede, er hat Juden und Heiden zu einem einzigen Volk vereint" (Eph 2,14), damit wir Menschen würden, die voll guten Willens sind, herzlich verbunden durch das Band der Einheit.

Freuen wir uns über diese Gnade, damit das Zeugnis unseres guten Gewissens unser Ruhm sei (vgl. 2 Kor 1,12): Rühmen wir uns nicht unserer selbst, sondern des Herrn. Denn es heißt: „Du bist mein Ruhm, der du mein Haupt aufrichtest" (Ps 3,4).

Welch größeres Geschenk als dieses hätte Gott vor unseren Augen aufleuchten lassen können: daß er seinen eingeborenen Sohn zum Menschensohn hat werden lassen, damit jedes Menschen Kind ein Kind Gottes werden kann?

Wessen Verdienst ist dies?
Welchen Grund gibt es dafür ...?
Denke darüber nach,
und du wirst nur eine Antwort finden:
Alles ist Geschenk.

Göttliches Paradox

Im Anfang war das Wort,
und das Wort war bei Gott,
und Gott war das Wort.
Im Anfang war es bei Gott.
Alles ist durch das Wort geworden …

Und das Wort ist Fleisch geworden
und hat unter uns gewohnt.

Joh 1,1-3.14

Der die Welt erfüllt, liegt in einer Krippe

Mein Mund verkünde
das Lob des Herrn.
Durch ihn ist
alles geworden,
und er selbst wurde
einer inmitten von allen.

Er ist die Offenbarung
des Vaters
und der Schöpfer
der Mutter;

Sohn Gottes,
der aus dem Vater
hervorgeht
ohne Mutter,

und Menschensohn,
der aus der Mutter
hervorgeht
ohne einen Vater ...

das göttliche Wort
vor aller Zeit –
menschgewordenes Wort
zur festgesetzten Zeit;

der Schöpfer der Sonne:
geschaffen
unter der Sonne ...

der Urheber des Himmels
und der Erde:
auf der Erde erschienen
unter dem Himmel;

der unaussprechlich
Weise:
in aller Weisheit
ein lallendes Kind;

der die Welt erfüllt:
in einer Krippe liegend;

der die Sterne lenkt:
saugend an der
Mutterbrust;

so groß in seiner
göttlichen Gestalt:
ganz klein
in der Knechtsgestalt.

Die Größe der Demut

Welche Wohltat
brachte uns
die Demut
unseres erhabenen
Gottes!

Die Demütigen dürfen sich klammern
an die Niedrigkeit Gottes,
um die Höhen Gottes zu erreichen,
so wie man sich in seiner Schwäche
von Lasttieren helfen läßt.

Die Weisen und Klugen hingegen,
die Gottes Größe ergründen wollen,
glauben nicht an das Unscheinbare.
Doch da sie dieses übersehen,
finden sie auch nicht zur Größe Gottes.

Das göttliche Wort: ein Kind

In einer Krippe lag,
der die ganze Welt erhält.

Er sprach noch nicht
und war das Wort.

Den die Himmel nicht fassen können,
trug der Schoß einer Frau.
Maria hielt unseren König;
sie trug den, in dem wir sind,
und stillte den, der unser Brot ist.

Welch große Schwäche,
welch wunderbare Niedrigkeit,
in der sich die Gottheit
ganz und gar verbarg!

Er stützte mit seiner Macht die Mutter,
auf die er als Kind angewiesen war,
er nährte mit Wahrheit die,
an deren Brust er trank.

Es erfülle uns mit seinen Gaben,
der sich nicht scheute,
ein menschliches Leben wie das unsere
zu beginnen.

Es mache uns zu Gotteskindern,
der für uns ein Menschenkind
werden wollte.

Gott hat gesprochen:
Ich will unter ihnen wohnen
und mit ihnen gehen ...
Ich will euer Vater sein,
und ihr sollt meine Söhne
und Töchter sein.

2 Kor 6,16-18

Das Törichte an Gott
ist weiser als die Menschen,
und das Schwache an Gott
ist stärker als die Menschen.

1 Kor 1,25

Damit die Schwäche stark würde

Damit die Schwäche
stark würde,
hat sich
die Stärke
schwach gemacht.

Achten wir seine Geburt in einem Leib
nicht gering,
sondern laßt uns um so mehr staunen:
In diesem Geschehen zeigt sich,
wie sehr er sich in seiner Erhabenheit
erniedrigt hat um unseretwillen.
Wenn wir dies bedenken,
entbrennen unsere Herzen in Liebe.

Was kann uns scheiden
von der Liebe Christi?
Bedrängnis oder Not oder Verfolgung,
Hunger oder Kälte,
Gefahr oder Schwert?

Röm 8,35

Göttliche Logik

Der Schöpfer
des Menschen
wurde Mensch,

damit er, der Lenker der Gestirne,
an der Brust einer Frau trinken konnte;

damit er, das Brot,
Hunger haben konnte;

damit er, die Quelle,
Durst haben konnte;

damit er, das Licht,
schlafen konnte;

damit er, der Weg,
unterwegs müde werden konnte;

damit er, die Wahrheit,
von falschen Zeugen angeklagt
werden konnte;

damit er, der Richter der Lebenden
und der Toten,
von einem sterblichen Richter
gerichtet werden konnte;

damit er, die Gerechtigkeit,
von ungerechten Menschen
verurteilt werden konnte; ...

damit er, der feste Grund,
an einem Kreuz aufgehängt
werden konnte;

damit er, die Stärke,
schwach werden konnte;

damit er, das Heil,
verwundet werden konnte;

damit er, das Leben,
sterben konnte.

*Damit nicht verloren-
ginge, was er gemacht
hatte*

Als die Fülle der Zeit
anbrach,
kam er,
der uns von der Zeit
befreien sollte.

Denn befreit von der Zeit,
sollen wir zu jener Ewigkeit gelangen,
wo keine Zeit ist.
Dort fragt man nicht:
Wann wird die Stunde kommen?
Denn es ist ein ewiger Tag,
kein Gestern geht ihm voran,
und kein Morgen beendet ihn.
In dieser Welt aber rollen die Tage dahin,
die einen gehen, die anderen kommen,
keiner bleibt.

Auch die Augenblicke, da wir nun reden,
verdrängen einander,
es bleibt die erste Silbe nicht stehen,
damit die zweite erklingen kann.
Seit wir reden,
sind wir ein wenig älter geworden,
und ohne jeden Zweifel bin ich
jetzt älter als heute morgen.
So steht nichts still,
nichts bleibt fest in der Zeit.

Darum müssen wir den lieben,
durch den die Zeiten geworden sind,
um von der Zeit befreit
und in der Ewigkeit verankert zu werden.
Dort gibt es keine
Veränderlichkeit der Zeit mehr.

So groß ist die Barmherzigkeit
unseres Herrn Jesus Christus,
daß er, durch den die Zeiten
geworden sind,
unseretwegen in der Zeit geworden ist:
daß er, durch den alles geworden ist,

einer unter allen geworden ist;
daß er zu dem wurde,
was er gemacht hat.

Er, der den Menschen gemacht hatte,
wurde Mensch,
damit nicht verlorenginge,
was er gemacht hatte.

Gott
ward Mensch
für uns

Gott hat die Welt so sehr geliebt,
daß er seinen einzigen Sohn hingab,
damit jeder, der an ihn glaubt,
nicht zugrunde geht,
sondern in ihm das ewige Leben hat.
Denn Gott hat seinen Sohn
nicht in die Welt gesandt,
damit er die Welt richtet,
sondern damit die Welt
durch ihn gerettet wird.

Joh 3,16-17

Welche Liebe!

Wie sehr
hast du uns geliebt,
gütiger Vater!
Wäre dein Wort
nicht Fleisch geworden
und hätte es nicht
unter uns gewohnt,
so hätten wir
glauben müssen,
daß keine Verbindung ist
zwischen Gott
und der Menschheit.

Nicht Wegweiser, sondern Weg

Es genügte Gott nicht,
seinen Sohn
zum Wegweiser
zu machen.
Er machte ihn
zum Weg,
damit er dich
beim Gehen leite,
während er selbst
einherschreitet
aus eigener Kraft.

Der einzige Sohn Gottes
sollte also zu den Menschen kommen
und Menschennatur annehmen.
Mensch sollte er werden,
sterben,
auferstehen,
in den Himmel aufsteigen,
zur Rechten des Vaters sitzen
und an den Völkern
seine Verheißungen erfüllen.

Ich bin das lebendige Brot,
das vom Himmel herabgekommen ist.
Wer von diesem Brot ißt,
wird in Ewigkeit leben.

Joh 6,51

Gott ward Mensch, um uns zu vergöttlichen

Unser Herr Jesus Christus,
der auf ewig
Schöpfer von allem ist,
wurde heute
in seiner Geburt
aus der Mutter
unser Retter.

Aus freiem Willen wurde er heute
für uns in der Zeit geboren,
um uns in die Ewigkeit des Vaters
zu führen.

Gott ist Mensch geworden,
damit der Mensch Gott werde.

Damit der Mensch
das Brot der Engel essen kann,
ist der Herr der Engel
heute ein Mensch geworden.

Heute ist die Bitte des Propheten
in Erfüllung gegangen:
„Tauet, ihr Himmel,
von oben;
ihr Wolken,
regnet Gerechtigkeit!
Die Erde tue sich auf
und bringe
den Retter hervor!"
(Jes 45,8 [Vg.])

Zum Geschöpf
ist der Schöpfer geworden,
damit wiedergefunden würde,
was verloren war.
So bekennt ja der Psalmist:
„Ich verirrte mich
wie ein verlorenes Schaf ..."
(Ps 119,176).

Der Mensch sündigte
und wurde schuldig.
Gott wurde als Mensch geboren,
damit der Schuldige freikäme.
Der Mensch fiel,
aber Gott stieg herab.
Erbärmlich fiel der Mensch,
aber voll Erbarmen kam Gott hernieder.
Der Mensch fiel durch Stolz,
Gott kam herab in Gnaden.

Welche Wunder, welche Zeichen ...
Gott wird geboren,
die Jungfrau empfängt
ohne Zutun eines Mannes;
das Wort Gottes befruchtet die Frau,
die keinen Mann kennt.

Sie ist Mutter und Jungfrau zugleich;
sie ist Mutter und dabei unversehrt,
sie ist Jungfrau und hat einen Sohn,
sie kennt keinen Mann,
ist immer verschlossen,
aber nicht unfruchtbar.

Ich lebe im Glauben an den Sohn Gottes, der mich geliebt und sich für mich hingegeben hat.

Gal 2,20

Wo bist du um meinetwillen?

Wo bist du, Herr Jesus,
um meinetwillen?
In einer engen
Behausung,
in Windeln gewickelt,
in eine Krippe gelegt.
Und für wen all dies?

Der den Lauf der Sterne lenkt,
saugt an der Brust einer Frau.
Der die Engel nährt
und im Schoß des Vaters spricht,
schweigt im Mutterleib.
Doch sprechen wird er,
wenn er das rechte Alter erreicht hat:
Künden wird er uns
die Fülle der Frohbotschaft.

Für uns wird er leiden,
für uns wird er sterben.
Um uns einen Vorgeschmack
auf den Lohn, der uns erwartet,
zu geben, wird er auferstehen.
In den Himmel wird er aufsteigen
vor den Augen der Jünger,
und vom Himmel wird er
wiederkommen zum Gericht.

Seht, der in der Krippe lag,
ist schwach geworden,
ohne seine Macht zu verlieren;
er hat angenommen, was er nicht war,
und blieb doch, was er war.

Seht,
vor uns liegt das Christuskind:
Laßt uns wachsen
zusammen mit ihm!

Betrachte, was Gott für dich geworden ist

Betrachte, Mensch,
was Gott für dich
geworden ist;
lerne vom Beispiel
solcher Demut,
auch wenn der Lehrer
noch nicht spricht ...

Du wolltest Gott sein,
obwohl du Mensch warst,
und gingst so verloren.

Er wollte Mensch werden,
obwohl er Gott war,
um wiederzufinden,
was verloren war.

Gottes Lasttier

Betrachte
die Futterkrippe:
Schäme dich nicht,
Gottes Lasttier zu sein;
du wirst Christus tragen
und unterwegs
nicht irregehen;
er selbst
wird auf dir reiten,
er, dein Weg.

So soll der Herr auf uns reiten
und uns führen, wohin er will:
Sein Lasttier wollen wir sein,
nach Jerusalem laßt uns gehen.
Er bedrückt uns nicht,
sondern erhebt uns;

wenn er uns führt,
werden wir nicht irregehen.

Von ihm geleitet,
wollen wir gehen zu ihm,
damit wir uns mit ihm,
der heute als Kind geboren wurde,
in Ewigkeit freuen.

Sie brachten einen jungen Esel
zu Jesus, legten ihre Kleider auf das Tier,
und er setzte sich darauf ...
Und er zog nach Jerusalem hinein.

Mk 11,7.11

Neugeboren

Christus, der Herr,
in Ewigkeit
ohne Anfang beim Vater,
auch er hat
einen Geburtstag:
er, das Wort,
das am Anfang war.

Ohne seine menschliche Geburt
gäbe es für uns
keine göttliche Neugeburt;
er wurde geboren,
damit wir neu geboren würden.
Christus ist geboren:
Keiner soll zweifeln,
daß er selbst neu geboren
werden kann!

Seine Barmherzigkeit
sei in unserem Herzen.

Seine Mutter trug ihn in ihrem Schoß:
Wir wollen ihn im Herzen tragen.
Die Jungfrau wurde schwanger,
als sie Christus empfing:
Wir wollen erfüllt sein
vom Glauben an ihn.
Die Jungfrau brachte
den Erlöser zur Welt ...:
Bringen wir ihm Lob!
Seien wir nicht unfruchtbar,
sondern laßt uns Frucht bringen
in Gott!

Wach auf, du Schläfer,
und steh auf von den Toten,
und Christus wird dein Licht sein.

Eph 5,14

Für dich

Wach auf,
du Mensch!
Für dich
ist Gott
Mensch geworden!
Ja, nochmals
möchte ich es sagen:

Gott ist Mensch geworden
für dich.

Quellennachweis

S. 15	Enarr. in Ps 38 (37), 13f (PL 36, 403f)
S. 19	Sermo 171, I.V (PL 38, 933.935)
S. 22	Sermo 291,6 (PL 38, 1319)
S. 25	Sermo 293,3 (PL 38, 1328f)
S. 31	Sermo 184, II,3 (PL 38, 997)
S. 33	Sermo 196,1 (PL 38, 1019)
S. 35	Sermo 192,1 (PL 38, 1012)
S. 37	Sermo 369,1 (PL 39, 1655)
S. 38	Sermo 371,1 (PL 39, 1659f)
S. 40	Sermo 192,3 (PL 38, 1013)
S. 43	Tract. in epist. Ioannis ad Parthos 1,1.3 (PL 35, 1978ff)
S. 47	Sermo 194,3f (PL 38, 1016f)
S. 53	Sermo 185,III (PL 38, 998f)
S. 57	Sermo 187,1 (PL 38, 1001)
S. 60	Sermo 184,I.1 (Pl 38, 995)
S. 61	Sermo 184,III (PL 38, 997)
S. 65	Sermo 190,III.4 (PL 38, 1009)
S. 67	Sermo 191,1 (PL 38, 1010)
S. 70	Tract. in Ioannis Ev. 31,5 (PL 35, 1638f)
S. 76	Enarr. in Ps 110 (109), 2f (PL 37, 1447)
S. 79	Sermo 128,1 (PL 39, 1997f)
S. 83	Sermo 196,3 (PL 38, 1020)
S. 85	Sermo 188,3 (PL 38, 1004)
S. 86	Sermo 189,4 (PL 38, 1007)
S. 88	Sermo 189,3 (PL 38, 1006)
S. 91	Sermo 185,1 (PL 38, 997)

Bildnachweis

Miniaturen aus dem 15./16. Jahrhundert (Biblioteca Capitolare/Verona):

S. 15	Cor. 1 Cod. MXLVIII C. 111 r.
S. 19	Cor. 4 Cod. MLIV C. 16 r.
S. 22	Cor. 2 Cod. ML C. 227 r.
S. 25	Cor. 5 Cod. MLVI C. 7 r.
S. 31	Cor. V Cod. MLVII C. 34 v.
S. 38	Cor. V Cod. MLVII C. 51 v.
S. 43	Cor. 5 Cod. MLVI C. 35 r.
S. 53	Cor. 4 Cod. MLIV C. 16 r.
S. 67	Cor. 6 Cod. MLVIII C. 111 r.
S. 79	Cor. 5 Cod. MLVI C. 52 r.
S. 86	Cor. VI Cod. MLIX C. 14 r.
S. 91	Cor. 5 Cod. MLVI C. 35 r.

Aus unserer Reihe Saatkörner:

Wolfgang Bader
24 Türen zum Advent

Ein „Adventskalender" für Erwachsene mit Texten zum Nachdenken, Geschichten, Hinweise zu Brauchtum und Festen. Mit zwölf farbigen Abbildungen.
80 Seiten, gebunden, ISBN 3-87996-523-4

Waltraud Herbstrith
In der Tiefe sind die Wasser ruhig

Impulse für ein Leben aus spiritueller Tiefe

Texte der bekannten Karmelitin und meditative Bilder. *96 Seiten, gebunden, ISBN 3-87996-510-2*

Chiara Lubich
Erst in der Nacht sieht man die Sterne

Texte tiefer Zuversicht für schwere Momente. Mit zwölf Farbfotos.
96 Seiten, gebunden, ISBN 3-87996-505-6

Mahatma Gandhi
Wer den Weg der Wahrheit geht, stolpert nicht. Worte an einen Freund

Ein Bestseller (über 80.000 verkaufte Exemplare!): eine reiche Auswahl von Gedanken Gandhis, Frucht seiner Meditation, niedergeschrieben für einen Freund. *128 S., geb., Fotos, ISBN 3-87996-268-5*

Verlag Neue Stadt München · Zürich · Wien